Amman
108 ajatusta
luonnosta

Amman 108 ajatusta luonnosta

Julkaisija:
    Mata Amritanandamayi Center
    P.O. Box 613
    San Ramon, CA 94583
    Yhdysvallat

———————— 108 Quotes on Nature (Finnish) ————

Tekijänoikeus 2016 © Mata Amritanandamayi Center,
P.O. Box 613, San Ramon, CA 94583, Yhdysvallat

Kaikki oikeudet pidätetään. Osaakaan tästä painotuotteesta ei saa tallentaa millään tunnetulla tai myöhemmin keksittävällä menetelmällä, tuottaa uudelleen, siirtää toiselle välineelle, kääntää toiselle kielelle tai julkaista missään muodossa ilman julkaisijan kirjallista lupaa.

Ensimmäinen painos: huhtikuu 2016

Kotisivut Suomessa: www.amma.fi

Intiassa: www.amritapuri.org
         inform@amritapuri.org

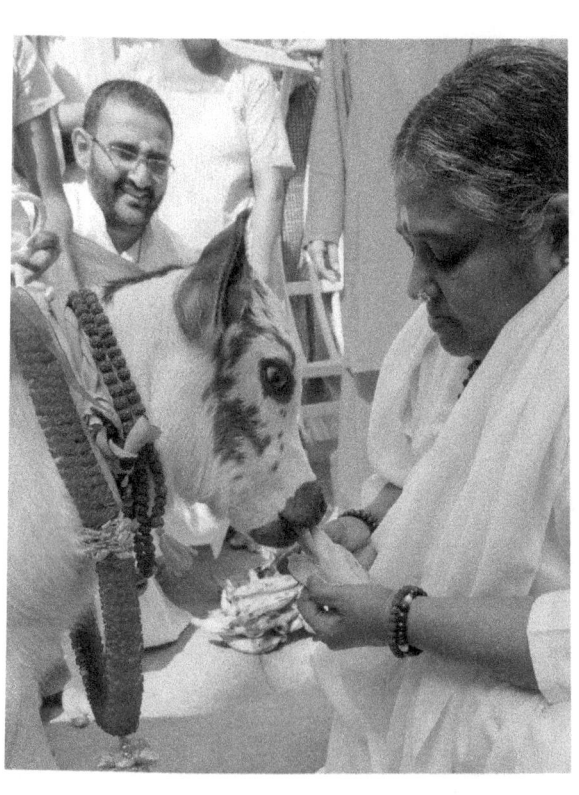

1

Luonto on Jumalan näkyvä muoto, jonka voimme nähdä ja kokea aistiemme välityksellä. Rakastamalla ja palvelemalla luontoa palvomme itse asiassa Jumalaa. Yrittäkäämme saada tämä asenne jälleen heräämään.

2

Yksi totuus loistaa läpi koko luomakunnan. Jumala on puhdas tietoisuus, joka on läsnä kaikessa. Joet, vuoret, kasvit, eläimet, aurinko, kuu ja tähdet, sinä ja minä... kaikki ovat tämän yhden todellisuuden ilmentymiä. Omaksumalla tämän totuuden elämässämme, ja näin saavuttaen syvemmän ymmärryksen, voimme löytää monimuotoisuudessa piilevän luontaisen kauneuden.

3

Oikea luontomme on kuin taivas, ei pilvet. Oikea luontomme on kuin valtameri, ei sen aallot. Pilvet ja aallot tulevat ja menevät. Taivas ja valtameri pysyvät.

4

Luonto on välttämätön osa elämää maan päällä. Kaikki turvautuu luontoon elääkseen. Emme ole erillään luonnosta; olemme osa sitä. Elämämme on kiinni kokonaisuuden hyvinvoinnista. Niinpä yksi tärkeimmistä tehtävistämme on rakastavasti huolehtia kaikista elävistä olennoista.

5

Katsokaa kuinka helposti luonto selviytyy esteistä. Jos pienen muurahaisen polulla on kivi, muurahainen vain kiertää kiven ympäri ja jatkaa matkaansa. Jos kasvavan puun paikalla on kalliota, puu yksinkertaisesti kasvaa kallion ympärille. Samalla tavoin joki virtaa sen tietä estävän tukin ympäri. Myös meidän tulisi opetella mukautumaan elämän tilanteisiin ja selviytymään niistä kärsivällisyydellä ja innolla.

6

Rauhan löytyessä itsessämme, se hyödyttää luontoa ja heijastuu kaikkialle luomakuntaan. Kun emme ole sopusoinnussa henkisesti, myös luonnon sopusointu katoaa. Esimerkiksi monissa paikoissa ympäri maailmaa on nykyään joko liian paljon tai liian vähän sadetta; tämä on oman epätasapainomme heijastumista luontoon. Kun ihmisen mieli on saatu tasapainoon, luonto tasapainottuu itsestään. Siellä missä on keskittymistä, on rauhaa.

7

Ihmiskunnan ja luonnon täydellisessä suhteessa muodostuu ympyrän kaltainen energiakenttä, jossa molemmat virtaavat toisiaan kohden. Toisin sanoen, kun me ihmiset rakastumme luontoon, se rakastuu meihin. Se paljastaa meille salaisuutensa. Avaten loputtoman rikkauksien aarrearkkunsa, se antaa meidän nauttia siitä. Kuin äiti, se suojelee, hoitaa ja ravitsee meitä.

8

Luonto on ensimmäinen äitimme. Se ravitsee meitä läpi elämämme. Oma äitimme saattaa antaa meidän istua sylissään muutaman vuoden, mutta luontoäiti kantaa kärsivällisesti painoamme koko elämämme ajan. Se laulaa meidät uneen, ruokkii meidät ja hellii meitä. Aivan kuten lapset ovat velvoitettuja omaa äitiään kohtaan, meidän tulisi kaikkien tuntea velvollisuutta ja vastuuta luontoäitiä kohtaan. Jos unohdamme tämän vastuun, on se sama kuin unohtaisimme oman itsemme.

9

Eikö meidän tulisi osoittaa kiitollisuuttamme äiti Maalle, joka kärsivällisesti antaa meidän juosta, hyppiä ja leikkiä sylissään? Eikö meidän tulisi olla kiitollisia meille laulaville linnuille, kukkiville kukille, varjonsa antaville puille ja meitä varten virtaaville joille?

10

Eräs ihmisen luontoon yhdistävä tekijä on synnynnäinen, sisäinen viattomuutemme. Nähdessämme sateenkaaren tai valtameren aallot, koemmeko edelleen lapsen viattoman ilon? Katsokaa luonnon kauneutta tiedostaen, että nämä ovat kaikki Jumalan ainutlaatuisia ilmentymiä.

11

Jumalan luomakunnassa ei ole virheitä. Jokainen Jumalan luoma olento ja luontokappale on kertakaikkisen erityinen.

12

Kaikki luonnossa on upeaa ihmettä. Eikö avaran taivaan yli lentävä lintu ole ihme? Eikö valtameren syvyyksissä uiva pienenpieni kala ole ihme?

13

Jotkut asiat elämässä herättävät aina innon ja raikkauden ajatellessamme niitä tai kokiessamme ne, kuten esimerkiksi meri. Vaikka katsoisimme merta kuinka monta kertaa tahansa, emme koskaan tunne saavamme tarpeeksi. Meri edustaa osaltaan ikuisuutta. Samoin kuin taivas. Side, jonka tunnemme luontoa kohtaan on tällainen. Voimme aina nähdä siinä jotain uutta.

14

Kaikki on tietoisuuden läpäisemää. Tämä tietoisuus ylläpitää koko maailmaa ja kaikkia sen olentoja. Uskonto ohjaa palvomaan kaikkea, näkemään Jumalan kaikessa. Tällainen asenne opettaa meitä rakastamaan luontoa. Ajattele luonnon ihmeitä. Kameleita on siunattu erikoisella laukulla, johon voi varastoida vettä. Kengurulla on kehto, jossa se voi kantaa poikastaan kaikkialle. Jopa kaikkein mitäänsanomattomimmilla ja näennäisesti haitallisilla olennoilla ja kasveilla on tietty tarkoituksensa. Hämähäkit pitävät hyönteiskannan tasapainossa, käärmeet pitävät jyrsijöiden määrän kurissa ja jopa pienenpieni, yksisoluinen valtameren plankton palvelee ollen ruokana valaille. Niistä jokaisella on oma tehtävänsä.

15

Maailmankaikkeudessa kaikella on oma rytminsä. Tuulella, sateella, hengityksemme virtauksella ja sydämensykkeellä, kaikella on rytminsä. Samoin elämällä on rytmi. Ajatuksemme ja tekomme luovat rytmin ja melodian. Kun ajatustemme rytmi katoaa, se heijastuu teoissamme. Tämä puolestaan saa itse elämän rytmin katoamaan. Tämän näemme nykypäivänä kaikkialla ympärillämme.

16

Elämä on täynnä Jumalan valoa, mutta voit kokea tuon valon vain toiveikkuuden kautta. Katsokaa luonnon toiveikkuutta. Mikään ei voi pysäyttää sitä. Jokainen luotokappale antaa väsymättömästi oman osuutensa elämälle. Pienen linnun, eläimen, puun ja kukan osallistuminen on aina täydellistä. Välittämättä vaikeuksista, ne jatkavat yrittämistä koko sydämestään.

17

Nauti luonnon kauneudesta tietoisena siitä, että se on kaikki Jumalan ilmentymää.

18

Tähdet tuikkivat taivaalla, joet virtaavat antaumuksella, puiden oksat tanssivat tuulessa ja linnut puhkeavat lauluun. Sinun tulisi kysyä itseltäsi, "Miksi tunnen itseni niin murheelliseksi kaiken tämän iloisen juhlinnan keskellä?"

19

Kukilla, tähdillä, joilla, puilla ja linnuilla ei ole egoa; ja koska ne ovat egottomia, mikään ei voi vahingoittaa niitä. Egon puuttuessa voit vain iloita. Jopa tilanteet, jotka yleensä satuttavat, muuttuvat ilon hetkiksi.

20

Aivan kuten luonto luo suotuisat olosuhteet kookospähkinälle kasvaa kookospuuksi ja siemenelle muuttua valtavaksi hedelmäpuuksi, luonto luo myös tarvittavat olosuhteet, joiden avulla yksittäinen sielu voi saavuttaa korkeimman tilan ja yhdistyä ikuiseen liittoon.

21

Luonto on oppikirja, jota meidän tulee opiskella. Jokainen asia luonnossa on oppikirjan sivu. Jokainen asia luonnossa opettaa meille jotain. Luopuminen ja epäitsekkyys ovat luonnolta saatavista opetuksista tärkeimmät.

22

Luonto antaa kaiken rikkautensa ihmisille. Aivan kuten luonto armollisesti palvelee, suojelee ja auttaa meitä, on velvollisuutemme vastata tuohon omistautumiseen ja palveluun auttamalla sitä. Vain siten voidaan säilyttää tasapaino luonnon ja ihmiskunnan välillä.

23

Kun elämme sopusoinnussa luonnon kanssa rakkaudessa ja ykseydessä, meillä tulee olemaan voimaa selviytyä mistä tahansa kriisistä.

24

Ihmiset voivat oppia luonnosta monia asioita. Katsokaa omenapuuta. Se antaa varjoa jopa ihmiselle, joka hakkaa sen poikki. Se antaa myös kaikki makeat, herkulliset hedelmänsä, pitämättä mitään itsellään. Sen koko olemassaolo on muita eläviä olentoja varten. Samalla tavoin kaikki menevät peseytymään joessa. Joki puhdistaa kaikkien lian, odottamatta mitään. Se hyväksyy ilolla kaikki epäpuhtaudet ja palauttaa puhtauden, uhraten kaiken muiden tähden. Lapset, joka ikinen luomakunnan osa opettaa meille uhrautumista.

25

Katsokaa luonnon taianomaisuutta. Katsokaa tätä uskomatonta maailmankaikkeutta ja sopusointuista tapaa, jolla planeettamme ja kaikki muut planeetat toimivat. Luomakunnassa kaikkialla näkyvä laaja kauneuden ja järjestyksen kaava tekee selväksi, että kaiken takana on suuri sydän ja valtava tietoisuus. Miten niin täydellistä järjestystä ja kauneutta voisi olla olemassa ilman kosmista älyä, kaikkea hallitsevaa universaalia voimaa?

26

Luomakunta ei ole sattumanvarainen – aurinko, kuu, valtameri, puut, kukat, vuoret ja laaksot eivät ole vahinkoja. Planeetat kiertävät aurinkoa poikkeamatta senttiäkään ennalta määrätyltä kiertoradaltaan. Valtameret peittävät laajoja alueita maapallosta nielaisematta kaikkea maata. Jos tämä kaunis luomakunta olisi yksinkertaisesti sattumanvarainen, se ei olisi niin järjestynyt ja järjestelmällinen.

27

Jumalallinen voima on kaiken taustalla – kukkaan puhkeamisen, linnun viserryksen, tuulen liikkeen ja tulen liekin takana. Se on voima, jonka mukaan kaikki kasvaa, voima, joka ylläpitää kaikkea. Tuo Jumalan päätös on jokaisen elävän olennon syntymän, kasvun ja kuoleman pohjimmainen aikaansaaja. Se saa aikaan koko luomakunnan. Se on voima, joka ylläpitää koko maailmaa. Ilman tätä voimaa maailma lakkaisi olemasta.

28

Pyhissä kirjoituksissa sanotaan, "Isavasyamidam Sarvam": kaikki on jumaltietoisuuden kyllästämää. Maa, puut, kasvit ja eläimet ovat kaikki Jumalan ilmentymiä. Koska näin on, meillä tulee olla rakkautta ja huolenpitoa sekä luontoa että toisiamme kohtaan.

29

Kun me synnynnäisen viattomuutemme ansiosta uskomme Jumalaan ja täytymme antaumuksesta, näemme Jumalan kaikessa – jokaisessa puussa ja eläimessä, jokaisessa osassa luontoa. Tämä asenne auttaa meitä elämään täydellisessä sopusoinnussa luonnon kanssa.

30

Keskittyneet rukoukset palauttavat luonnon kadotetun rauhan. Vaikka kukaan ei olisi paikalla kuulemassa niitä, luontoäiti pitää lukua kaikista vilpittömistä rukouksistamme.

31

Todellisuudessa ihmiskunnan kehitys ja menestys riippuu yksinomaan siitä, mitä ihminen tekee luonnon hyväksi. Luomalla rakastavan siteen ihmiskunnan ja luonnon välille, varmistamme sekä luonnon tasapainon että ihmiskunnan kehityksen.

32

Ihmisten kiireellinen velvollisuus on miellyttää luontoa tekemällä rakkaudella, uskolla ja vilpittömyydellä siunattuja epäitsekkäitä tekoja. Kun tämä on tehty, luonto siunaa meitä vastavuoroisesti yltäkylläisyydellä.

33

On väärin tuhlata huolellisuuden ja tarkkaavaisuuden puutteen takia. Kaikki asiat on luotu käytettäviksi; jokaisella luomakunnan osalla on määrätty tarkoituksensa.

34

Ihmiskunnan koko olemassaolo riippuu luonnosta. Todellisuudessa emme suojele luontoa – luonto on se, joka suojelee meitä.

35

Luonto uhraa itsensä ihmisten tähden, kun taas me emme ainoastaan riistä sitä, vaan tuhoamme sen. Silti luonto palvelee meitä.

36

Entisaikaan ei ollut mitään erityistä tarvetta luonnonsuojelulle, sillä luonnon suojeleminen oli osa Jumalan ja elämän itsensä palvomista. Ihmisillä oli tapana rakastaa ja palvella luontoa ja yhteiskuntaa, enemmän kuin muistella "Jumalaa". He näkivät luojan luomakunnan kautta. He rakastivat, palvoivat ja suojelivat luontoa Jumalan näkymättömänä muotona.

37

Äiti Maa palvelee meitä; aurinko, kuu ja tähdet kaikki palvelevat meitä. Mitä voimme tehdä vastapalveluksena niiden epäitsekkäälle palvelutyölle?

38

Tieteen edistyessä kaupungit ja yritykset kasvavat samaan tahtiin. Asukasluvun kasvaessa kaupungeissa jätteen määrä kasvaa moninkertaisesti. Niinpä meidän tulisi löytää tieteellisiä tapoja käsitellä jätteet oikein. Jos emme tee näin, luonnollinen ympäristömme turmeltuu ja sairaudet leviävät. Meidän tulee pyrkiä kierrättämään ja käyttämään 'jäte' uudelleen niin paljon kuin mahdollista. Luontoäidillä on omat ihmeelliset tapansa kierrättää ja uusiokäyttää, näin suojellen elämää. Olkoon päämäärämme luoda jätteetön maailma.

39

Meidän tulee paneutua juurruttamaan arvoja lapsiimme heidän ollessa nuoria. Meidän tulee opettaa heitä rakastamaan toisiaan. Meidän tulee täyttää koulujemme ja yliopistojemme opetussuunnitelmat oppitunneilla rakkaudesta ja myötätunnosta ja auttaa lopettamaan sorrettujen hyväksikäyttö. Jos teemme näin, sodat ja väkivaltaiset yhteenotot vähenevät ja voimme jossain määrin saavuttaa unelman maailmanrauhasta. Kun keskinäinen rakkaus kasvaa, myös luonnosta tulee rauhallinen.

40

Katsokaa luonnon kauneutta. Luonnon kanssa sopusoinnussa eläminen tuo itsessään onnellisuutta ja tyytyväisyyttä.

41

Tämänhetkinen sukupolvi elää kuin sillä ei olisi minkäänlaista suhdetta luontoon. Kaikki ympärillämme on keinotekoista. Nykyään syömme keinotekoisin lannoittein ja torjunta-ainein kasvatettuja hedelmiä ja viljoja. Lisäämme säilöntäaineita pidentääksemme niiden säilyvyysaikaa. Näin syömme jatkuvasti, tietoisesti ja tiedostamatta, myrkkyä. Seurauksena ilmaantuu monia uusia sairauksia. Itse asiassa, kauan sitten keskimääräinen elinikä oli yli 100 vuotta. Mutta nykyään ihmiset elävät vain 80 vuotta tai vähemmän ja yli 75 prosenttia väestöstä kärsii jonkinlaisesta sairaudesta.

42

Suuremman tuotannon tavoittelu johtaa usein keinotekoisten lannoitteiden ja torjunta-aineiden käyttöön. Tämän ahneuden takia unohdamme rakastaa kasveja. Ilmapallo voidaan täyttää vain tiettyyn pisteeseen asti. Tämän jälkeen se puhkeaa, jos siihen puhalletaan lisää ilmaa. Samalla tavoin siemen kykenee tuottamaan vain tietyn määrän satoa. Jos satoa yritetään lisätä käyttäen keinotekoisia menetelmiä, siemenen elinvoima ja laatu kärsivät ja myös sitä syövät saavat kärsiä.

43

Vahingoittamalla kasveja, pidennät niiden karmaa. Itsekkyytesi estää niiden evoluution korkeampaan elämänlajiin ja estää niitä saavuttamasta ikuisen vapauden.

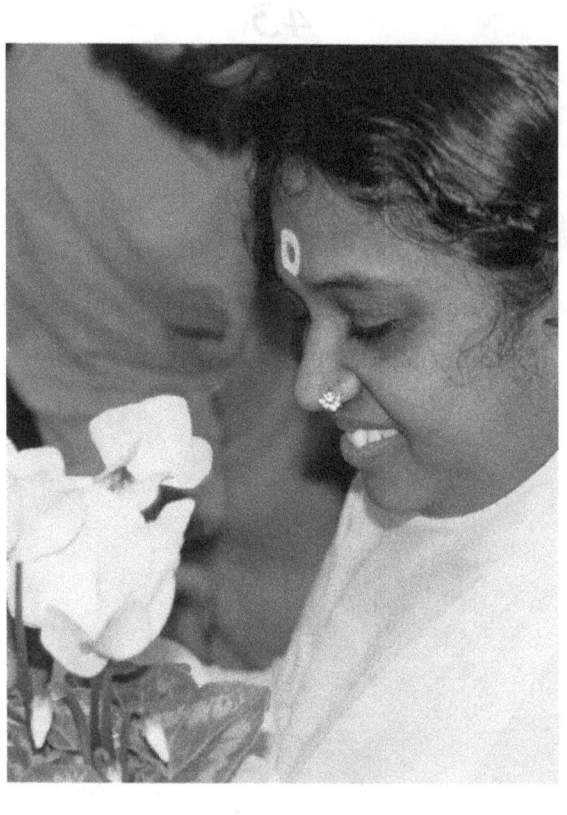

44

Tieteelliset keksinnöt ovat erittäin hyödyllisiä, mutta niiden ei tulisi olla luonnon vastaisia. Tieteen saavutukset ovat uskomattomia, mutta valitettavasti olemme menettäneet selkeyden nähdä asioiden todellinen luonne ja toimia arvostelukykyisesti. Tiedemiehen tulisi rakastaa aidosti – rakastaa ihmiskuntaa, rakastaa koko luomakuntaa ja rakastaa elämää.

45

Itsekkyytemme lisääntyessä vieraannumme luonnosta ja alamme käyttää sitä hyväksemme. Luonnonvarojen käyttäminen perustarpeisiimme on hyväksyttävää, mutta kun otamme enemmän kuin tarvitsemme, tilanne muuttuu riistoksi. Meidän tulee muistaa, että ottaessamme enemmän kuin tarvitsemme tuhoamme ylimääräisen kasvin tai eläimen elämän.

46

Katsokaa luonnon kauneutta ja täydellisyyttä. Luonto on iloinen vaikkei sillä ole ihmisten älyä. Koko luomakunta iloitsee. Kukalla on lyhyt elinikä ja silti se tarjoaa itsensä koko sydämestään muille. Se tarjoaa metensä mehiläisille – ja tämä luo onnellisuutta.

47

Maata riistetään huolimatta niistä upeista siunauksista ja lahjoista joita se meille antaa. Silti Maaemo kantaa kaiken kärsivällisesti ja siunaa ihmiskuntaa valtavalla rikkaudella ja menestyksellä.

48

Jumala kaikenkattavasta rakkaudessaan ja myötätunnossaan ohjaa ja innostaa kaikkia maan olentoja olemaan kärsivällisiä ja myötätuntoisia ihmisiä kohtaan, vaikka ihmiset eivät vastaakaan heidän rakkauteensa.

49

Aina tyytymättöminä, ja ahneudessaan saavuttaa ja omistaa enemmän, ihmiset ovat tehneet kaikennäköisiä vääriä tekoja, jotka saastuttavat ja riistävät luontoäitiä. Täynnä itsekkyyttä, ihmiset ovat unohtaneet että olemme saaneet kaiken luontoäidiltä – ilman sitä menetämme kaiken.

50

Sanatana Dharman, ikuisen uskonnon mukaan luonto ei ole erillinen ihmisistä. Toistamme päivittäin mantraa "Lokah Samastah Sukhino Bhavantu", joka tarkoittaa: olkoot kaikkien maailmojen kaikki olennot onnellisia. Se pitää sisällään kaiken luonnon, kokonaiset kasvi- ja eläinkunnat, ja koko luomakunnan. Sanatana Dharma opettaa meitä näkemään ykseyden monimuotoisuudessa ja se on tämän mantran ydin.

51

Luonto on valtava kukkaistarha. Eläimet, linnut, puut, kasvit ja ihmiset ovat puutarhan täyteen kukkaan puhjenneita erivärisiä kukkia. Tämän puutarhan kauneus on täydellinen vasta kaikkien näiden ollessa yhteydessä, siten levittäen rakkauden ja ykseyden värähtelyjä. Tehkäämme yhdessä työtä sen eteen, etteivät nämä moninaiset kukat kuihdu, ja että puutarha pysyy ikuisesti kauniina.

52

Nykytiede sanoo puiden ja kasvien vastaavan ihmisten ajatuksiin ja tekoihin. Tiedemiehet ovat kehittäneet välineitä, joilla voidaan havaita ja rekisteröidä kasvien tunteita. Joissakin tapauksissa voidaan mitata myös näiden tunteiden intensiteettiä. On huomattu, että rakkaudettomien tekojen ja myötätunnon puutteen kautta myös kasvit kärsivät. Aikoja sitten Intian pyhimykset ja tietäjät, ymmärrettyään tämän suuren totuuden, elivät aiheuttamatta pienintäkään tarpeetonta vahinkoa.

53

Luonto on kuin kultaisia munia muniva hanhi. Jos kuvittelemme voivamme vallata kaikki kultaiset munat itsellemme tappamalla hanhen, tuloksena on ihmiskunnan täysi tuhoutuminen. Oman selviytymisemme ja tulevien sukupolvien selviytymisen tähden meidän tulee lopettaa luonnon saastuttaminen ja riistäminen.

54

Ihmiset ovat saastuttaneet ilmakehän egokeskeisten ajatusten ja tekojen kautta. Ilmakehä on täynnä autojen, linja-autojen ja tehtaiden myrkyllistä savua ja kaasuja. Pahin ilmakehää saastuttava myrkky on kuitenkin ihmisten itsekkäät ja pahat ajatukset.

55

Ainoastaan luonnon rakastamisen ja kunnioittamisen kautta meistä tulee henkisesti heränneitä. Tavoitteenamme on tuntea elämää kaikkialla.

56

Luonto on kalpa-vriksha, toiveet täyttävä puu, joka antaa ihmiskunnalle kaiken yltäkylläisyyden. Mutta tänä päivänä tilamme on kuin typeryksen, joka sahaa poikki juuri sitä oksaa, jolla istuu.

57

Vaikka meillä olisi vain pieni maatilkku, meidän tulisi yrittää kasvattaa muutamia vihanneksia käyttäen luonnonmukaisia lannoitteita. Viettäen aikaa kasviemme kanssa, meidän tulisi jutella niille, suukotella niitä ja laulaa niille. Tämä yhteys antaa meille uutta elinvoimaa.

58

Kaikki tietävät, etteivät ihmiset voi elää erämaassa. Jos ilmakehän puhdistumista ei tapahdu, ihmisten terveys heikkenee. Meidän tulisi kasvattaa paljon puita ja myös lääkinnällisiä kasveja, sillä ne puhdistavat ilmaa. Monia sairauksia tullaan ehkäisemään hengittäessämme ilmaa, joka on ollut kosketuksissa lääkinnällisten kasvien kanssa.

59

Jotkut sanovat, että meidän tulisi istuttaa kaksi puuta jokaista kaatamaamme kohti. Mutta tämäkään ei riitä. Siinä mitä suuri puu tarjoaa ja mitä kaksi pientä puuta voivat tarjota, on valtava ero. Jos desinfiointiainetta sekoitetaan veteen pienemmässä määrin kuin on tarpeen, sen teho vähenee. Jos kymmentä ainesosaa vaativa ayurvedinen lääke valmistetaan käyttämällä vain kahdeksaa, lääkkeellä ei ole haluttua vaikutusta. Samalla tavoin, kun kaksi pientä puuntainta korvaavat suuren puun, luonnon tasapaino järkkyy.

60

Aikoja sitten Intian pyhimykset ja tietäjät, sukellettuaan syvälle omaan tietoisuuteensa, ilmoittivat myös kasvien ja puiden omaavan tunteet ja pystyvän jossain määrin jopa ilmaisemaan näitä tunteita. Kun meillä on rakastava ja myötätuntoinen asenne kasveja ja puita kohtaan, voimme oppia kuuntelemaan ja ymmärtämään niitä.

61

Kun muinaiset viisaat kehottivat meitä palvomaan puita, he opettivat maailmalle luonnon säilyttämisen ja luonnon suojelun tärkeyttä. Koska puita on kaadettu tarpeettomasti, emme saa kunnon sademäärää monsuunikauden aikana. Myös lämpötila on kohonnut ja säämallit muuttuvat kaikkialla maailmassa. Puut puhdistavat ilmakehää, imien hiilidioksidin jota hengitämme ulos. Ne edesauttavat suuresti luonnon harmoniaa. Meille niin paljon hyvää tuovien puiden palvominen ja suojeleminen on henkisestikin hyödyllistä.

62

Ei ole väärin kaataa metsästä puita ja kerätä lääkekasveja elämän perustarpeiden tyydyttämiseksi. Tarvitsemme toki asunnon, joka suojaa meitä sateelta ja auringolta. Ei kuitenkaan ole tarpeellista rakentaa taloa, joka esittelee varakkuuttamme ja ylellistä elintapaamme. Talon rakentamiseen tarvittavien puiden kaataminen ei ole väärin eli adharmista. Teosta tulee epäoikeudenmukainen kun teemme sen harkitsemattomasti ja ajattelemattomasti.

63

Tällä hetkellä ihmiskunnan suurin uhka ei ole kolmas maailmansota, vaan luonnon sopusoinnun menetys ja laajeneva eromme luonnosta. Meidän tulisi kehittää tiedostavaisuuttamme, kuin olisimme aseella uhattuna. Ainoastaan siten ihmiskunta selviytyy.

64

Istuttakaa puita. On siunaus tehdä niin. Puut elävät meitä pidempään ja antavat hedelmiä ja suojaa tuleville sukupolville. Meidän tulisi jokaisen luvata istuttaa vähintään yksi puu kuukaudessa. Vuodessa jokainen istuttaisi kaksitoista puuta. Yhdessä voimme palauttaa luonnon kauneuden maailman kasvoille.

65

Metsiä tuhotaan ja kerrostaloja nousee niiden tilalle. Monet linnut rakentavat pesiä näihin rakennuksiin. Jos tarkastelemme pesiä lähemmin, huomaamme niiden olevan metallilangoista ja muovinpalasista tehtyjä. Tämä johtuu puiden vähenemisestä. Tulevaisuudessa ei välttämättä ole puita ollenkaan. Linnut oppivat sopeutumaan uuteen ympäristöönsä.

66

Jokaisen perheen tulisi kasvattaa puita ja kasveja pihallaan. Puun istuttaminen on yhteiskuntaa kohtaan tehtyä epäitsekästä palvelutyötä. Aivan kuten me nautimme ihmisten menneisyydessä istuttamien puiden olemassaolosta, meidän tulisi myös istuttaa puita tuleville sukupolville. Ellemme ole tehneet yhtään epäitsekästä tekoa, meidän tulisi istuttaa puu tai taimi; se olisi todellakin epäitsekäs teko, joka hyödyttää sekä muita että itseämme.

67

Lapset, yksikään jyvä syömästämme ruoasta ei ole ainoastaan oman ponnistelumme tulosta. Se mikä tulee meille ruoan muodossa, on muiden työtä, luonnon lahjaa ja Jumalan myötätuntoa. Vaikka meillä olisi miljoonia dollareita, tarvitsemme silti ruokaa tyydyttääksemme nälkämme. Voimmeko syödä rahaa? Niinpä älä koskaan syö mitään rukoilematta ensin nöyränä ja kiitollisena.

68

Lapset, luonto on edessämme luopumisen symbolina. Kuten vuoret, joet ja puut, joka ikinen luontokappale opettaa meille epäitsekkyyttä. Katsokaa puuta – se antaa hedelmiä, varjoa ja välittää viileää ilmaa. Puuta kaadettaessakin se antaa varjoa sitä kaatavalle henkilölle. Samalla tavoin jokainen olento ja eliö luonnossa harjoittaa luopumista tavalla tai toisella.

69

Ottakaamme luonnosta vain se, mitä todella tarvitsemme ja yrittäkäämme antaa takaisin jossain määrin. Olettakaamme, että kaksi perunaa riittää ruoan valmistamiseen. Jos otamme kolmannen perunan, toimimme harkitsemattomasti. Kun otamme enemmän kuin oman osamme luontoäidiltä, kiellämme myös toisilta heidän osuutensa. Ehkäpä naapurimme, jolla ei ole mitään syötävää, olisi voinut saada aterian. Niinpä kun riistämme luontoa, riistämme myös muita.

70

Kun myötätunto herää sisällämme, haluamme vilpittömästi auttaa ja suojella kaikkia olentoja. Siinä tilassa emme halua poimia edes yhtä lehteä tarpeettomasti. Kymmenen lehden ottaminen vain viiden ollessa tarpeen on adharminen teko. Poimisimme kukan vasta sen kukinnan viimeisenä päivänä, juuri ennen sen irtoamista varresta. Kokisimme sen erittäin vahingollisena kasville, jos ahneutemme johdosta poimisimme kukan sen ensimmäisenä kukintapäivänä.

71

Sillä loputtomalla rakkaudella, joka virtaa todellisesta uskovasta koko luomakuntaa kohtaan, on lempeä ja rauhoittava vaikutus luontoon. Rakkautemme on parasta luonnonsuojelua.

72

On äärimmäisen kiireellistä kehittää hyväsydämisten yksilöiden yhteiskuntaa. Henkisinä olentoina meidän tulisi jokaisen pyrkiä elämään puhdasta ja mutkatonta, uhrautuvaista elämää. Henkisen olennon tulisi olla kuin puu, joka antaa suojaa jopa henkilölle, joka hakkaa sen palasiksi. Henkisen olennon tulisi olla kuin tuuli, joka puhaltaa yhtäläisesti sekä ulosteen että kukan yli.

73

Sinua ei tulla päästämään Jumalan valtakuntaan ilman pienimmänkin muurahaisen allekirjoitusta hakemuksessasi. Vapautuksen ensimmäinen vaatimus Korkeimman jatkuvan muistamisen lisäksi on, että rakastat kaikkia olentoja, sekä elollisia että elottomia. Kun saavutat tämän sydämen suuruuden, vapaus ei tule kaukana perässä.

74

Jokainen, jolla on rohkeutta voittaa mielen rajoitteet tulee saavuttamaan universaalin äitiyden tilan. Tämä on rakkautta ja myötätuntoa, jota tunnetaan oman lapsen lisäksi kaikkia ihmisiä, eläimiä, kasveja, kiviä ja jokia kohtaan. Se on rakkautta, joka ulottuu kaikkeen luontoon ja kaikkiin olentoihin. Hänelle, jossa todellisen äitiyden tila on herännyt, kaikki olennot ovat omia lapsia. Tämä rakkauden herääminen, tämä äitiys, on jumalainen rakkaus. Se on Jumala.

75

Tänä päivänä olemme tietoisia tarpeesta suojella Maaäitiä ja tämä on tietenkin olennaista. Mutta meidän tulee olla huolissamme myös sisäisen ympäristömme saastumisesta. Negatiiviset ajatuksemme ja tekomme luovat saastetta ilmakehään ja ihmiskunnan tietoisuuteen. Vain rakkauden ja myötätunnon kautta on luonnon suojeleminen ja säilyttäminen mahdollista.

76

Arvojen ja oikeudenmukaisen elämisen puutteen myötä luonto on alkanut reagoida. Puiden vähetessä myös sadetta tulee vähemmän. Sateen tullessa se tulee väärään aikaan. Samoin on auringonpaisteen laita; nykyään sitä on joko liian paljon tai liian vähän. Nämä ovat joitakin väärien tekojemme ja asenteidemme seuraamuksia.

77

Negatiiviset ajatukset ja teot saastuttavat ilmakehää ja ihmiskunnan tietoisuutta. Jos emme muuta tapojamme, teemme tietä omalle tuhollemme. Tämä ei ole rangaistus vaan vamma, jonka aiheutamme itsellemme. Emme käytä hyväksemme Jumalan antamia lahjoja, joiden avulla voimme ajatella, käyttää arvostelukykyä ja toimia viisaasti.

78

Elämä saavuttaa täyttymyksen kun ihmiskunta ja luonto kulkevat yhdessä, sopusuintuisesti käsi kädessä. Kun melodia ja rytmi täydentävät toisiaan, musiikista tulee kaunista ja miellyttävää korvalle. Samalla tavoin, kun ihmiset elävät luonnon lakien mukaisesti, tulee elämästä kuin kaunis laulu.

79

Lapseni, eräs tärkeimmistä tavoitteistamme tulisi olla luonnon säilyttäminen. Meidän tulee laittaa piste käytännölle tuhota ympäristö rahan ja omien itsekkäiden lyhyen aikavälin tarpeidemme tähden. Meillä ei ole mitään oikeutta tuhota. Me emme pysty luomaan; niinpä meidän ei tulisi tuhota. Ainoastaan Jumala voi luoda, ylläpitää ja tuhota. Kaikki kolme ovat omien kykyjemme ulkopuolella.

80

Jumala ei ole olemassa ainoastaan ihmisissä vaan myös eläimissä ja kaikissa elämän lajeissa – vuorissa, joissa, laaksoissa ja puissa. Linnuissa, pilvissä, tähdissä, auringossa ja kuussa – kaikkialla. Jumala on olemassa "sarvachaacharassa", sekä liikkuvassa että liikkumattomassa. Kuinka henkilö, joka ymmärtää tämän pystyy tappamaan ja tuhoamaan?

81

Vilpittömät totuuden etsijät ja uskovat eivät vahingoita luontoa, sillä he näkevät luonnon Jumalana. He eivät koe luontoa erillisenä. He rakastavat luontoa aidosti. Siellä missä ei ole mieltä eikä egoa, olet yhtä kaiken olemassaolon kanssa. Lapset, kun olet yhtä luomakunnan kanssa, kun sydämesi täyttyy vain rakkaudella, koko luonto on ystäväsi ja se palvelee sinua. Maailmankaikkeus kaikkine olentoineen on ystäväsi.

82

Katsomalla luontoäitiä ja tarkastelemalla hänen epäitsekästä tapaansa antaa, voimme tulla tietoiseksi omista rajoitteistamme. Tämä auttaa meitä kehittämään antaumusta ja antautumista Korkeimmalle. Luonto voi tuoda meidät lähemmäs Jumalaa ja opettaa meille kuinka todella palvoa Jumalaa.

83

Luonnon suojeleminen ja säilyttäminen on mahdollista ainoastaan rakkauden ja myötätunnon avulla. Mutta molemmat näistä ominaisuuksista ovat vähenemässä ihmisissä. Voidaksemme tuntea aidon rakkauden ja myötätunnon, meidän tulee ymmärtää sen elämän voimanykseys, joka ylläpitää koko maailmankaikkeutta ja on sen perusta.

84

Tämän päivän nuoriso on huomisen maailman tukipilari. Nuorilla on mahdollisuus tehdä suuria muutoksia maailmassa. Omistautunut nuorisomme voi innostaa muita luomalla yhdessä aloitteita luontoäidin suojelemiseksi. Meidän tulisi ohjata heidän energiansa hyviä aatteita kohti.

85

Maapalloa ei voi muuttaa paremmaksi ellei yksilöiden tietoisuus muutu ensin. Voimme sitoutua kasvattamaan tietoisuuttamme kouluttamalla mieltämme meditaation, rukousten ja myönteisen ajattelun avulla. Voimme sitoutua maailmanlaajuiseen toistemme ymmärtämisen etiikkaan ja yhteiskunnallisesti hyödylliseen, rauhaa rakentavaan ja luontoystävälliseen elämäntapaan. Riskejä kaihtamatta ja olemalla valmiina uhrauksiin, tilanteeseemme voi tulla perustavanlaatuinen muutos.

86

Meditaatio, rukoukset, resitointi ja muut henkiset harjoitukset ovat pelastuksemme. Kunnioitus ja antaumus, jota ihmiset kehittävät hurskaan uskon kautta on erittäin hyödyllistä – sekä ihmiskunnalle että luonnolle. Mantran tai rukousten toistaminen keskittyneesti luo takuulla myönteisen muutoksen luonnossa ja auttaa palauttamaan sopusoinnun.

87

Saatamme epäillä kykyämme palauttaa luonnon menetetty tasapaino. Saatamme kysyä, "Emmekö me ihmiset ole liian rajoittuneita?" Ei, emme me ole! Meillä on sisällämme suunnaton voima, mutta olemme täysin unessa emmekä tiedosta omaa vahvuuttamme. Tämä voima kasvaa kun heräämme.

88

Henkilöstä, josta on tullut yhtä korkeimman tietoisuuden kanssa, on tullut yhtä myös koko luomakunnan kanssa. Tällainen henkilö ei ole enää ainoastaan keho, vaan hänestä tulee elämän voima, joka hohtaa kaikessa ja kaikesta. Hänestä tulee se tietoisuus, joka antaa kauneutensa ja elinvoimansa kaikelle.

89

Mahatmat (valaistuneet sielut) voivat ilmaista itseään auringon, kuun, valtameren, vuorten, puiden ja eläinten kautta — koko maailmankaikkeuden kautta. Ollessamme egottomia, olemme yhtä kaiken kanssa. Koko maailmankaikkeus on yhtä valaistuneen olennon kanssa.

90

Uskonnon syvä ymmärtäminen, totuus koko luomakunnan ykseydestä, on se mikä auttaa ihmisiä rakastamaan luontoa ja kehittämään kunnioitusta ja antaumusta kaikkea kohtaa enemmän kuin nykyaikaisen tieteen tuntemus. Voit ajatella, että puun tai kasvin tuhoaminen on vähemmän väärin kuin ihmisen tappaminen. Tämä käsite on virheellinen.

91

Myös kasveilla ja puilla on tunteet ja ne voivat tuntea pelkoa. Kun joku lähestyy puuta tai kasvia kirveen tai vesurin kanssa, kasvi pelkää: se tärisee pelosta. Tarvitset tarkan korvan kuullaksesi sen huudon, tarkat silmät nähdäksesi sen avuttomuuden ja hienovaraisen mielen tunteaksesi sen pelon. Et näe sen kärsimystä, mutta voit tuntea sen myötätuntoisella sydämellä. Nähdäksesi kasvin kärsimyksen, mielesi silmien tulee olla avoinna. Valitettavasti et näe hienovaraisia asioita ulkoisilla silmilläsi. Tästä johtuen tuhoat avuttoman puun tai kasvin.

92

Kun ihmiset tekevät luonnon onnelliseksi ajattelemalla hyviä ajatuksia ja tekemällä hyviä tekoja, luonto siunaa meitä anteliailla, ylitsevuotavilla sadoilla. Keralassa vietetään perinteistä juhlaa nimeltä Pongal, joka tarkoittaa "vuotaa ylitse". Tuo juhla on aikaa jolloin ihmiskunnan rakkaus luontoa kohtaan ja luonnon rakkaus ihmiskuntaa kohtaan virtaa yli äyräiden – kun universaalin mielen ja yksittäisen mielen tulvivat virrat yhdistyvät.

93

Kun kumarrat kaiken olevaisen edessä äärimmäisen nöyränä, maailmankaikkeus kumartaa sinulle ja palvelee sinua.

94

Perhosen elinkaaren sanotaan kestävän vain muutamasta päivästä viikkoon. Kuinka iloisesti se silti lentelee ympäriinsä! Se levittää iloa ja onnea kaikille. Elämämme tulisi olla tämän kaltaista.

95

Oli ajanjakso, jolloin kaikki hylkäsivät Amman hänen epätavallisten tapojensa takia. Kun näin tapahtui, linnut ja eläimet olivat niitä, jotka tulivat pitämään hänestä huolta. Eräs kotka lensi hänen yläpuolellaan ja pudotti kaloja, jotka Amma söi raakana. Koira toi hänelle ruokapaketteja. Kun hän tuli samadhista (autuas tila), lehmä tuli hänen luokseen ja seisoi hänen edessään sellaisessa asennossa, että Amma pystyi juomaan niin paljon kuin halusi suoraan sen utareista.

96

Kun näemme luontoäidin Jumalan ruumiillistumana, palvelemme ja suojelemme sitä automaattisesti. Jos lähestymme luontoa rakkaudella, se palvelee meitä parhaimpana ystävänämme, ystävänä, joka ei petä meitä.

97

Lapseni, katsokaa luontoa ja kuvitelkaa rakastamanne jumaluuden muoto puissa, vuorissa ja muissa luontokappaleissa. Keskustelkaa rakkaanne kanssa. Kuvitelkaa rakas jumaluutenne seisomassa taivaalla ja kutsukaa häntä. Ilmaiskaa kaikki mahdolliset valituksen aiheenne; miksi kertoisitte murheenne muille?

98

On korkea aika ottaa luonnonsuojelu vakavasti. Luonnon tuhoutuminen tarkoittaa samaa kuin ihmiskunnan tuhoutuminen. Puut, eläimet, linnut, kasvit, metsät, vuoret, järvet ja joet – kaikki luonnossa – tarvitsee kipeästi hyväntahtoisuuttamme, myötätuntoista huolenpitoamme ja suojeluamme. Jos suojelemme niitä, ne suojelevat puolestaan meitä.

99

Luonto hyötyy henkisten ihmisten keskittymisestä. Rukous ja henkinen keskittyminen ovat voimakkaita tapoja puhdistaa ilmakehää. Samaan aikaan voimme myös ammentaa henkistä voimaa, toivoa ja uskoa olemalla luonnossa – rukousten, resitoinnin ja meditaation avulla, ääneen tai hiljaisuudessa.

100

Jokainen pieni teko, jonka teemme ympäristönsuojelun hyväksi on arvokas, sillä se auttaa ylläpitämään elämää. Tämä on itse asiassa arvokkaampaa kuin mikään maallinen rikkaus. Koulujemme avulla voimme herättää lapsissamme mielenkiinnon luonnonsuojelua kohtaan, aivan kuten olemme herättäneet heissä mielenkiinnon rahan keräämistä kohtaan.

101

Levottomuudessaan, ihmisten sitä kohtaan tekemien epäoikeudenmukaisten tekojen ansiosta, luontoäiti on nyt alkanut vetämään siunauksiaan takaisin. On kaikkien ihmisten kiireellinen velvollisuus miellyttää luontoa tekemällä epäitsekkäitä tekoja, jotka on siunattu keskinäisellä rakkaudella, uskolla ja vilpittömyydellä. Ainoastaan silloin alkaa luonto taas antamaan ja siunaamaan ihmiskuntaa loputtomilla voimavaroillaan.

102

Oletetaan sinulla olevan kymmenen siementä. Käytä niistä halutessasi yhdeksän ravinnoksi, mutta jätä ainakin yksi siemen kylvämistä varten. Mitään ei tulisi hävittää kokonaan. Jos saat sadostasi sata euroa, vähintään kymmenen euroa tulisi antaa hyväntekeväisyyteen.

103

Aivan kuten maapallo liikkuu auringon ympäri säännöllisen kierron mukaan, koko luonto seuraa toistuvaa kaavaa. Vuodenajat kiertävät kehää: kevät, kesä, syksy, talvi ja taas kevät. Siemenestä tulee puu ja puu taas tekee siemeniä. Niin ikään tulevat syntymä, lapsuus, nuoruus, vanhuus, kuolema ja uudelleen syntymä. Se on jatkuvaa kiertokulkua. Aika kulkee ympyrää, ei suoraa linjaa. Jokaisen elävän olennon tulee väistämättä kokea karma ja sen seuraukset kunnes mieli on hiljentynyt ja olemme tyytyväisiä omassa Itsessämme.

104

Katsokaa tuoreita ruusuja. Kuinka kauniita ne ovatkaan. Miten hienoa tuoksua ne antavat. Mutta mitä me annamme niille saadaksemme ne kasvamaan? Vain hieman käytettyjä teenlehtiä ja lehmänlantaa! Mikä suuri ero onkaan näiden kauniiden kukkien ja niille annetun lannan välillä. Samalla tavoin, esteet elämässämme ovat lannoitetta, joka saa meidät kasvamaan henkisesti vahvemmiksi. Nämä esteet auttavat sydämiämme puhkeamaan täyteen kukkaansa.

105

Muista aina, että saapuessaan iltahämärä kantaa jo aamunkoittoa kohdussaan.

106

Meidän tulee muistaa, että kaikki on älyllistä; kaikki on täynnä tietoisuutta ja elämää. Kaikki on olemassa Jumalassa. Ei ole olemassa sellaista kuin pelkkä materia; yksin tietoisuus on olemassa. Jos lähestymme kaikkia tilanteita tällä asenteella, tuhoamisesta tulee meille mahdotonta; koko tuhoamisen ajatus katoaa. Kaikki on olemassa Jumalassa.

107

Lapset, jumalainen rakkaus on todellinen luontomme. Rakkaus loistaa meistä jokaisessa. Minkäänlaista ilmentymää ei voi olla olemassa ilman tätä rakkauden voimaa sen taustalla.

108

Oi jumalainen henki, näetkö minut tässä? Valuttakoon tähtikätesi armoa ylleni, antaen minulle voimaa muistaa sinut ja murheen, joka saa minut kutsumaan sinua. Olet ainoa turvani ja lohtuni. Autuas ja kaunis on jumalainen maailmasi! Nosta minut miljoonien tuikkivien tähtien maailmaasi!

www.ingramcontent.com/pod-product-compliance
Lightning Source LLC
Chambersburg PA
CBHW061955070426
42450CB00011BA/3045